# Der Weg der Achtsamkeit

[ Herausgegeben von Fabian Bergmann ]

[ Fotografien von Klaus Ender ]

Herder Freiburg · Basel · Wien

Einmal wurde Meister Ikkyu von einem gebeten: „Willst du mir einige Regeln der höchsten Weisheit aufschreiben?“ Ikkyu nahm den Pinsel und schrieb: „Achtsamkeit.“ Der andere wunderte sich: „Ist das alles? Willst du noch etwas hinzufügen?“ Ikkyu schrieb daraufhin: „Achtsamkeit, Achtsamkeit.“ Verärgert wollte der andere nun wissen: „Was heißt dieses Wort?“ Und Ikkyu antwortete: „Achtsamkeit heißt Achtsamkeit.“

[ Altjapanische Zen-Tradition ]

Vitae inter-esse, der Welt beiwohnen, innewohnen gleichsam, sie gleichsam von innen heraus, aus ihrem Was und Wie zu begreifen, zu ergreifen gilt es, ihrem Bauplan nachzuforschen heißt es.

[ Christian Morgenstern ]

Gewähre mir Scharfblick wahrzunehmen, Kraft zu fassen und zu behalten, Fähigkeit und Geschick hinzuzulernen, Genauigkeit des Urteilens und die volle Gnade der Sprache.

[ Thomas von Aquin ]

Bist du aufmerksam und wachsam, wird sich dir die Antwort auf dein Handeln in jedem Augenblick offenbaren. Sei auch achtsam, dass du ein reines Herz besitzt, denn als Frucht jeglichen Tuns wird dir etwas geboren.

[ Maulana Dschalaluddin Rumi ]

Rüste dich mit klarem Bewusstsein: klar bewusst beim Kommen und Gehen, beim Hinschauen und Wegschauen, beim Setzen und Aufstehen, beim Tragen deiner Kleidung, beim Essen und Trinken, Kauen und Schmecken, beim Gehen, Stehen und Sitzen, beim Einschlafen und Erwachen, beim Sprechen und Schweigen.

[ Gautama Buddha ]

Die Gegenwart
allein ist wahr und
wirklich; Sie ist die real
erfüllte Zeit, und aus-
schließlich in ihr liegt
unser Dasein.
Daher sollten
wir sie stets einer
heitern Aufnahme
würdigen.

[ Arthur Schopenhauer ]

Obgleich er recht bedeutsam ist, sendet der Augenblick keinen Boten voraus, der seine Ankunft verkündet, dazu kommt er zu rasch heran, zuvor gibt es kein bisschen Zeit mehr. Auch nähert sich der Augenblick, wie bedeutsam er auch ist, nicht lärmend oder mit Geschrei, nein, er nähert sich leise, mit sanfterem Schritt als das sanfteste Gehen, denn er nähert sich mit dem leichten Schritt des Unvermittelten. Leise pirscht er sich an. Daher muss man vollkommen still sein, will man dieses „Jetzt ist er gekommen" empfinden – im nächsten Moment ist es vorüber, weshalb man vollkommen still gewesen sein muss, wenn es gelingen soll, ihn zu nutzen.

[ Søren Kierkegaard ]

Im Kleinsten und Alltäglichsten unwissend zu sein und keine scharfen Augen zu haben – das ist es, was die Erde für so viele zu einer „Wiese des Unheils“ macht. Man sage nicht, es liege hier wie überall an der menschlichen Unvernunft: vielmehr – Vernunft genug und übergenug ist da, aber sie wird falsch gerichtet und künstlich von jenen kleinen und allernächsten Dingen abgelenkt.

[ Friedrich Nietzsche ]

Jeder Mensch ist seiner Natur nach auf bestimmte, mitunter sehr, sehr kleine Dinge gestellt, Dinge, die, trotzdem sie klein sind, für ihn das Leben oder doch des Lebens Bestes bedeuten.

[ Theodor Fontane ]

Das Leben sitzt im Detail. Im kleinsten Teilchen habe ich einen Zipfel des Ganzen. Die kleinste Geste der Freundlichkeit, das kleinste Quäntchen Geduld, der kleinste Schritt auf den anderen zu, das geringste Entgegenkommen, die Aufmerksamkeit für die kleinen Freuden, die in keinem Alltag fehlen.

[ Ferdinand Krenzer ]

Vermagst du jedes Blatt für sich allein zu sehen, siehst du den Baum. Vermagst du den Baum zu sehen, siehst du den Geist des Baumes. Vermagst du den Geist des Baumes zu sehen, kannst du mit ihm reden, und vielleicht beginnst du, etwas zu lernen.

[ Weisheit der Yurok-Indianer ]

Man vermag die gesamte Welt zu verstehen, ohne dass es nötig ist, weit zu gehen. Man vermag des Himmels Wege zu sehen, ohne dass es nötig ist, aus dem Fenster zu schauen. Je weiter man fortgeht, desto weniger begreift man. Aus diesem Grund versteht der Weise, ohne dass er reist; er erblickt, ohne dass er schaut; er vollendet, ohne dass er etwas tut.

[ Laotse ]

Bevor die Seele sehen kann, muss die innere Harmonie erreicht sein, und die Augen des Leibes müssen für jede Illusion blind gemacht sein. Bevor die Seele hören kann, muss der Mensch ebenso taub für das Gebrüll wie für das Geflüster, für die Rufe brüllender Elefanten wie für das silbrige Summen des goldenen Leuchtkäfers geworden sein.

[ Buch der Goldenen Regeln ]

Es stimmt, einem Spiegel ist zu Eigen, dass man in ihm das eigene Bild erblicken kann, aber dafür muss man ruhig stehen. Hastet man in Eile an ihm vorüber, sieht man gar nichts; und wenn man gar einen Spiegel bei sich trägt, ohne ihn hervorzuholen: Wie sollte man sich dann selbst zu Angesicht bekommen?

[ Søren Kierkegaard ]

Nimm dir jeden
Tag die Zeit,
still zu sitzen
und auf die Dinge
zu lauschen.
Achte auf die
Melodie des Lebens,
welche in dir
schwingt.

[ Gautama Buddha ]

Je sicherer der Mensch in sich und je gesammelter in seinem besten Leben er ist, und je leichter er sich aus untergeordneten Stimmungen in die eigentliche wieder zurückschwingt, umso heller und umfassender muss sein Auge sein, und Herz haben wird er für alles, was ihm leicht und schwer und groß und lieb ist in der Welt.

[ Friedrich Hölderlin ]

Gewiss ist es ohne Sinn, unseren Schritt in Richtung Wald zu lenken, wenn wir dort nicht wahrhaft anlangen. Ich fühle mich beunruhigt, wenn ich feststelle, dass ich eine Meile in den Wald gegangen bin, ohne dass ich auch im Geiste dort weile – ich befinde mich nicht mehr dort, wo sich mein Körper befindet – ich bin nicht mehr bei Sinnen. Auf meinen Spaziergängen will ich allerdings bei Sinnen sein. Was habe ich im Wald zu suchen, wenn ich dabei etwas im Sinn habe, was nicht im Wald ist?

[ Henry David Thoreau ]

Frage die Schönheit der Erde, frage die Schönheit des Meeres, frage die Schönheit des Himmels, frage die Ordnung der Sterne, frage die Sonne, die den Tag mit Leuchten erhellt, frage den Mond, der mit seinem Schimmer die Dunkelheiten der anschließenden Nacht mildert, frage die Tiere im Wasser, auf der Erde oder in den Lüften, frage die Seelen, die sich verstecken, die Leiber, die sich zeigen, zu Sehendes, das geführt wird, nicht zu Sehendes, das führt! Frage sie! Alle antworten sie dir: Schau, wir sind schön. Ihre Schönheit ist ihr Bekenntnis.

[ Aurelius Augustinus ]

Ich stand vor einer von rücksichtslosem Fuß getretenen Lücke im reifenden Kornfeld. Da sah ich zwischen den zahllosen einander ganz gleichen schnurgeraden, die volle schwere Ähre tragenden Halmen eine Mannigfaltigkeit blauer, roter und violetter Blumen, die in ihrer Natürlichkeit mit ihrem Blätterwerk gar schön anzusehen waren. Aber, dachte ich, sie sind unnütz, unfruchtbar und eigentlich bloß Unkraut, das hier nur geduldet wird, weil man es nicht loswerden kann. Dennoch sind sie es allein, die diesem Anblick Schönheit und Reiz verleihen.

[ Arthur Schopenhauer ]

Es kommt nicht
auf die Masse des
zu Sehenden und
kaum auf die
Bedeutung des
einen oder andern an,
sondern lediglich
darauf, mit welchem
Auge man sieht.
Es darf nicht
trübe sein.

[ Theodor Fontane ]

Jeden Morgen, wenn es kaum dämmerte, eilte ich aus dem Bett, um das erste Morgenrot zu begrüßen, welches durch die zitternden Blätter der Kokosnusspalmen am Rande des Gartens hindurchschimmerte. Die Tautropfen glitzerten, wenn der Frühwind über das Gras strich. Der Himmel brachte mir einen persönlichen Gruß, und mein Körper trank das Licht und den Frieden dieser schweigenden Stunden in sich ein. Ich wollte keinen einzigen Morgen versäumen, weil jeder mir kostbarer war als das Gold für den Armen.

[ Rabindranath Tagore ]

Freue dich
der Tage recht,
genieße den
belebten Augenblick,
beobachte,
lerne, verstehe,
lass dir alles reich
werden.

[ Christian Morgenstern ]

Durch solche Eindrücke sammelt man sich, gewinnt sich zurück aus dem anspruchsvollen Vielen, das da spricht und schwätzt (und wie gesprächig ist es!), und lernt langsam die sehr wenigen Dinge erkennen, in denen Ewiges dauert, das man lieben, und Einsames, daran man leise teilnehmen kann.

[ Rainer Maria Rilke ]

Von Fabian Bergmann und Klaus Ender ist in gleicher Ausstattung erschienen:

Der Weg der Stille
ISBN 3-451-27674-7

Der Weg der Freude
ISBN 3-451-27675-5

Der Weg des Herzens
ISBN 3-451-27762-X


www.herder.de
Gesamtgestaltung und Konzeption: R·M·E
Roland Eschlbeck/Rosemarie Kreuzer
Satz: Uwe Stohrer, Freiburg
Herstellung: L.E.G.O. Olivotto S.p.A., Vicenza 2002
ISBN 3-451-27761-1